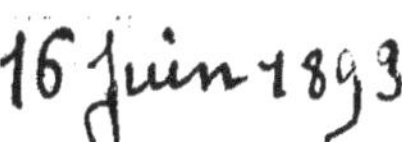

16 Juin 1893

CATALOGUE

DES

PORCELAINES ANCIENNES

De Sèvres, Saxe, Chine et de l'Inde

FAIENCES FRANÇAISES

De Rouen, Moustiers, Strasbourg et de Delft

PROVENANT EN MAJEURE PARTIE

De la Collection du château de Langeais

MARBRES, BRONZES, MEUBLES

D'ÉPOQUES ET STYLES XVIIIᵉ SIÉCLE

TABLEAUX ANCIENS

PASTELS

De l'École française

TROIS BEAUX DESSINS D'INGRES

Formant la Collection de Mᵐᵉ P⋅⋅⋅

ET DONT LA VENTE AURA LIEU

HOTEL DROUOT, SALLE N° 2

Le Vendredi 16 Juin 1893, à 2 heures 1 2

Par le ministère de Mᵉ **GEORGES DUCHESNE**, commissaire-priseur

6, rue de Hanovre, 6

Assisté de M. **A. BLOCHE**, expert près la Cour d'Appel

25, rue de Châteaudun, 25

Chez lesquels se distribue le présent Catalogue

EXPOSITION PUBLIQUE

Le Jeudi 15 Juin 1893, de 1 heure 1 2 à 5 heures 1 2

CONDITIONS DE LA VENTE

Elle sera faite au comptant.

Les Acquéreurs payeront CINQ POUR CENT en sus des adjudications, applicables aux frais de la vente.

L'exposition mettant le public à même de se rendre compte de l'état des objets, il ne sera admis aucune réclamation une fois l'adjudication prononcée.

Paris. — Imp. de l'Art. E. Moreau et Cⁱᵉ, 41, rue de la Victoire.

DÉSIGNATION DES OBJETS

TABLEAUX

DESSINS, PASTELS

BÉNARD

1 — *Le Repas de famille.*

2 — *Le Retour du marché.*

> Deux charmants tableaux se faisant pendants.
> Signés à droite.

BOUCHER

(FRANÇOIS)

3 — *La Balançoire.*

BOUCHER

(FRANÇOIS)

4 — *La Rêveuse.*

Beau pastel.

BOUCHER

(Attribué à FRANÇOIS)

5 — *L'Amour lutinant Vénus endormie.*

Cadre ancien en bois sculpté.

COYPEL

6 — *L'Enlèvement d'Europe.*

7 — *Nymphe et Amour.*

Deux pendants.

GÉRICAULT

8 — *Le Trompette de hussards.*

9 — *Le Cuirassier.*

> Deux pendants.

INGRES

10 — *Portrait de Mme Marcotte d'Argenteuil.*

> Très beau dessin, signé et daté 1834, avec dédicace.

11 — *Portrait de Mme Marcotte.*

> Beau dessin, signé et daté 1825, avec dédicace.

12 — *Portrait de M. Walkener.*

> Beau dessin, signé et daté 1826, avec dédicace.

NATTIER

13 — *Portrait de femme allégorique.*

SAINT-JEAN

14 — *Pêches, raisins, abricots, fraises, prunes*

Beau tableau.

VAN LOO

LOUIS-MICHEL)

15 — *Portrait de grande dame.*

En robe bleue brochée, garnie de dentelles ;
tenant un bouquet de fleurs ; coiffure à la poudre
avec fleur et aigrette.
Pastel.

VESTIER

16 — *Portrait de jeune femme.*

En robe rose, à corsage décolleté, garnie de ru-
ches et de dentelles ; coiffure poudrée avec rang de
perles et aigrette.
Pastel.

PORCELAINES

17 — VIEUX SÈVRES, PÂTE TENDRE. Joli tête-à-tête
composé d'un grand plateau, deux tasses avec
soucoupes, une théière, un pot à crème et un
sucrier; décor à guirlandes de fleurs et bouquets
suspendus à des nœuds de rubans, fond à œils
de perdrix bleutés pointillés rouge.

18 — VIEUX SÈVRES. Jolie écuelle avec couvercle et
plateau, décor œils de perdrix, fond mauve et
médaillons à trophées guerriers et champêtres.

19 — VIEUX SÈVRES. Écuelle ronde avec plateau
oblong et couvercle, décor à guirlandes de fleurs
entrelacées. Bordure à rehauts d'or.

20 — SAINT-AMANT. Seau à deux anses, décor
paysage et à rehauts d'or.

21 — VIEUX SÈVRES. Compotier, décor à bouquets
de fleurs détachés, sur fond blanc.

22 — SAXE. Plateau, bordure à guirlandes de fleurs
en relief, offrant au centre une scène des diver-
tissements champêtres.

23 — VIEUX SAXE. Joli brûle-parfums, décor à
fleurs et rocailles, branchages fleuris en relief,
tertre avec chien et perdrix sur un champ de
fleurs, de champignons et de feuillages en relief.

24 — VIEUX CHINE, FAMILLE ROSE. Deux belles
aiguières décorées de jardinières et de vases
fleuris rehaussés d'or avec riches montures en
bronze ciselé et doré, ornées de guirlandes et de
couronnes de lauriers. Époque Louis XVI.
Modèle de *Delafosse*.

25 — VIEUX CHINE, FAMILLE VERTE. Deux jolis
vases, forme bouteilles hexagonales, décor médaillons à personnages et paysages rehaussés
d'or ; monture en bronze ciselé et doré. Époque
Louis XVI.

26 — INDE ANCIEN. Paire de beaux vases avec cou-
vercles, forme quadrilobée, décor médaillons :
jardinières fleuries, bouquets détachés et papillons encadrés de guirlandes de fleurs et de fruits
avec écureuils en relief; anses formées de dra-
gons se détachant à jour.

27 — INDE ANCIEN. Service à thé, décor bleu turquoise, médaillons à paysages avec figures rehaussés d'or, composé d'une théière, un pot à
crème, deux plateaux à sucre, quatre tasses
avec leurs soucoupes et une boîte à thé.

28 — Vieux Chine. Broc avec couvercle, monture
argent doré, décor aux armes des ducs de Luy-
nes, branchages fleuris et trophées à rehauts
d'or.

29-30 — Vieux Chine, famille verte. Deux boîtes
à épices, décor à fleurs et herbages avec anses à
mascarons rehaussés d'or.

31 — Biscuit ancien. Groupe de deux figures :
petites paysannes. Signé D. B.

FAIENCES

32 — Vieux Rouen. Aiguière forme casque, décor
très fin en bleu sur émail blanc, à fleurs et rinceaux avec mascaron tête de sauvage en relief;
au-dessous un cartel armorié, accosté de deux
griffons et timbré d'une couronne comtale.
Pièce rare.
Provient de la collection du château de Langeais.

33 — Vieux Rouen. — Grand plateau octogone, décor polychrome offrant au centre une corbeille
de fleurs, des papillons et perroquets sur un
motif à rinceaux, cornes d'abondance et oiseaux

chimériques. Bordure à ornements et guirlandes
de fleurs.

Provient de la collection du château de Langeais.

34 — Vieux Rouen. Grand plat rond à bords ondulés, décor à la corne avec fleurs, oiseaux et papillons. Très vif d'émail.

Provient de la collection du château de Langeais.

35 — Vieux Rouen. Grand plat rond, décor en bleu
à lambrequins fleuronnés offrant au centre une
alliance d'armoiries surmontées d'une couronne
comtale. Ces écussons appartiènnent à Jacques
Asselin, sieur de Villequier, conseiller au Parlement de Rouen, mort le 28 mars 1728, et à
Jeanne-Françoise du Bourguet, dame d'Auberville, son épouse.

Belle pièce.

Provient de la collection du château de Langeais.

36 — Vieux Moustiers. Grand et beau plat rond,
décor en bleu, représentant des personnages
chinois portant des étendards et des emblèmes
sacrés dans un paysage animé de nombreux
oiseaux, de dragon et autres animaux fabuleux.

Provient de la collection du château de Langeais.

37 — VIEUX STRASBOURG. Jolie assiette, décor au
chinois, bordure à jour, dessin vannerie en vert.
Provient de la collection du château de Langeais.

38-39 — VIEUX STRASBOURG. Quatre assiettes, décor
à bouquets de tulipes et de roses.
Proviennent de la collection du château de
Langeais.

40 — VIEUX ROUEN OU STRASBOURG. Assiette, décor
à bouquets de roses et tulipes, aux armes de
Mme de la Baume de Suze, abbesse de Saint-
Amand, de Rouen, en 1770, exécuté chez le Va-
vasseur, d'après l'*Histoire de la Faïence de
Rouen*, par Henri Pottier, décrite page 316.
Provient de la collection du château de Lan-
geais.

41 — VIEUX ROUEN. Deux assiettes à bords ondulés,
décor polychrome à ornements, fleurs et lambrequins.

42 — VIEUX ROUEN. Très belle assiette, décor déli-
cat en bleu et rouge à lambrequins, cartouches,
quadrillés et pendentifs.
Provient de la collection du château de Langeais.

43 — VIEUX MOUSTIERS. Très belle assiette, décor polychrome, bordure à huit médaillons, oiseaux, bustes et figures allégoriques reliés par des guirlandes de fleurs et suspendues à des nœuds de rubans. Au centre, un cartel : Saint Michel terrassant le dragon, entouré d'une guirlande de fleurs au milieu desquelles se détachent des amours. Dessin des plus délicats.

Provient de la collection du château de Langeais.

44-45 — VIEUX ROUEN. Deux assiettes, décor polychrome offrant au centre une corbeille de fleurs et de fruits et autour des motifs à rinceaux et ornements avec jardinières fleuries et guirlandes.

46 — VIEUX NEVERS. Vase forme balustre fond bleu de Perse rehaussé de bouquets de fleurs et oiseaux en *sopra bianco*. Joli spécimen.

Provient de la collection du château de Langeais.

47 — VIEUX DELFT DORÉ. Plat rond, décor polychrome dans le goût japonais, à fleurs, balustrade et rouleau aux monogrammes A. P. K.

Provient de la collection du château de Langeais.

48-49 — VIEUX DELFT DORÉ. Deux assiettes, décor à cartouches de terrain, fleurs et volatiles, bordures à lambrequins et ornements aux monogrammes A. P. R.

Proviennent de la collection du château de Langeais.

50 — VIEUX MILAN. Petit seau, décor à fleurs et feuillages en polychrome.

BRONZES

ÉMAUX CLOISONNÉS

51 — Paire de jolis flambeaux en bronze ciselé et doré, à tige feuilles de chêne autour de laquelle sont groupés trois cygnes en bronze, patine verte. Époque Louis XVI.

52-53 — Paire de jolies jardinières rectangulaires en bronze gravé et doré, avec médaillons en ancien émail cloisonné de Chine, fond bleu turquoise, décor polychrome.

54 — Petit groupe en bronze de deux enfants, l'un portant l'autre, patine brune, de François Flamand, sur socle en marbre vert.

MARBRES

55 — Très beau groupe en marbre représentant l'Amour au papillon, avec socle et accessoires en bronze doré.

56 — Buste de jeune fille en marbre, style xviiie siècle. Attribué à Falconnet.

57 — Paire de beaux candélabres, formés de vases en marbre blanc montés à draperies et bouquets fleurs de lis, à trois lumières, en bronze ciselé et doré. Style Louis XVI.

OBJETS D'AMEUBLEMENT

58 — Joli petit canapé marquise, en bois sculpté et doré, dessin des plus fins à guirlandes de roses et couronnes enrubannées parties ajourées entre bordures perlées et frises à rais de cœurs. Console à feuille d'acanthe et chute de roses, pieds feuillagés et cannelés.

Couvert en dauphine rose pâle broché, à grands bouquets de fleurs. Style Louis XVI.

59 — Ameublement composé d'un canapé à dossier plein et quatre chaises en bois sculpté et doré,

dossiers forme lyre, couvertes en soierie bleue et blanc rayé, brochée à fleurs. Époque Louis XVI.

60-61 — Deux tabourets en bois sculpté et doré Louis XV, couverts en brocart fond vert et fond crème, à bouquets de fleurs et motif de paysage dans le goût de Leprince.

62 — Console forme demi-lune, en bois sculpté et doré, bandeau à gerbes de roses avec groupe de colombes se becquetant, orné de guirlandes de chêne, supportée par quatre pieds cannelés à feuillages et chute d'asperges, traverse et croisillon avec groupe d'Amour et de chien, allégorie de la Fidélité, de l'Espérance et de la Tendresse. Dessus en marbre blanc. Époque Louis XVI.

63 — Joli tableau ovale en broderie d'or et de soie représentant l'Amour aux yeux bandés, sur son char traîné par deux lions devant un château fort.
Provient de la demeure de Diane de Poitiers.

64 — Deux fauteuils en bois sculpté et doré, couverts en soierie fond blanc broché à fleurs. Époque Louis XV.

BOIS SCULPTÉS

65-66 — Deux beaux panneaux en noyer sculpté représentant dans des cartouches en creux des bustes d'homme et de femme en haut-relief, portés par des enfants dont les corps se perdent dans des arabesques de rinceaux feuillagés se terminant par des masques fabuleux et accouplés. XVIᵉ siècle.

67-68 — Deux panneaux offrant en bas-relief des médaillons à personnages entourés de lauriers. Fond à rinceaux feuillagés. XVIᵉ siècle.

69 — Objets omis.

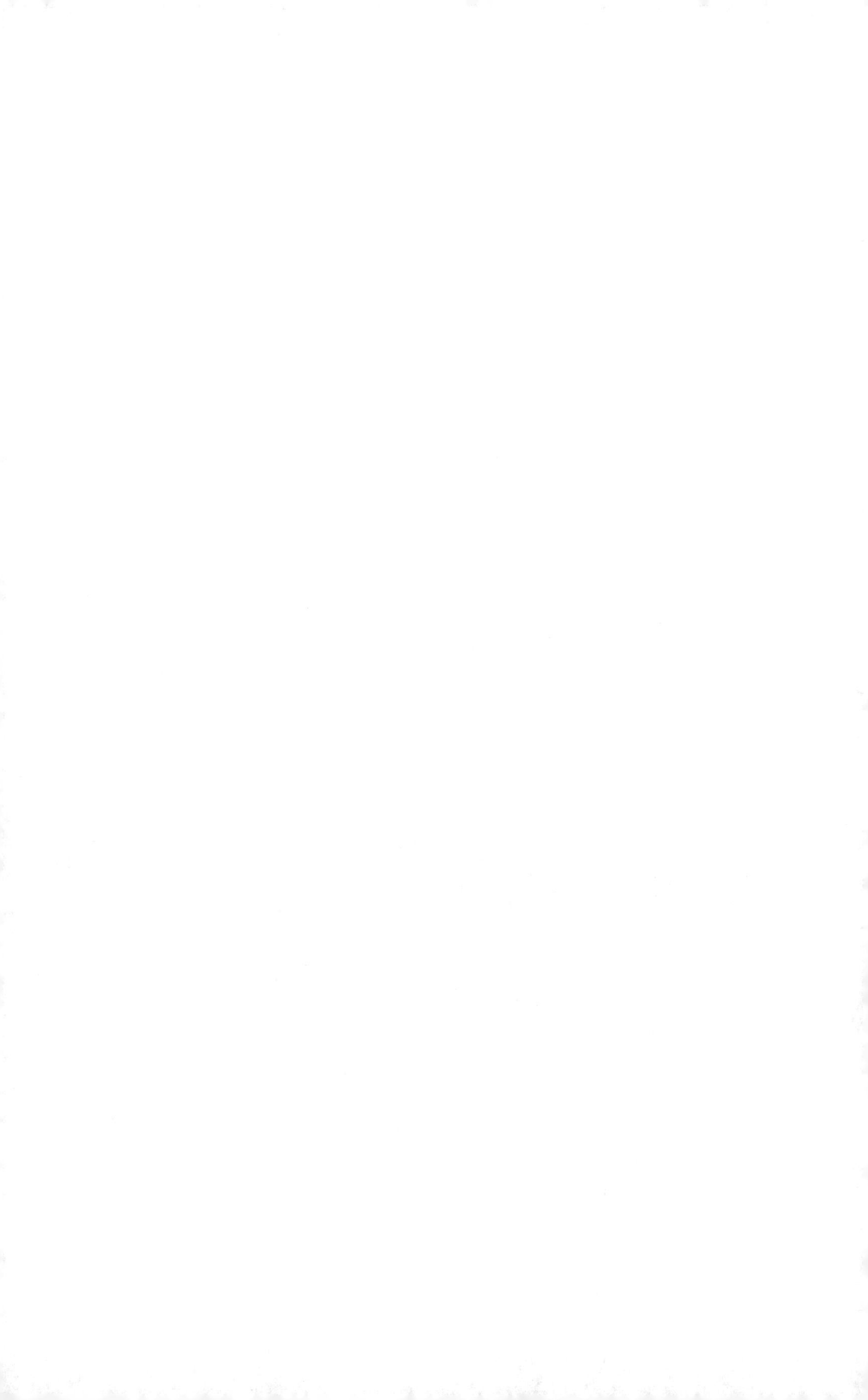

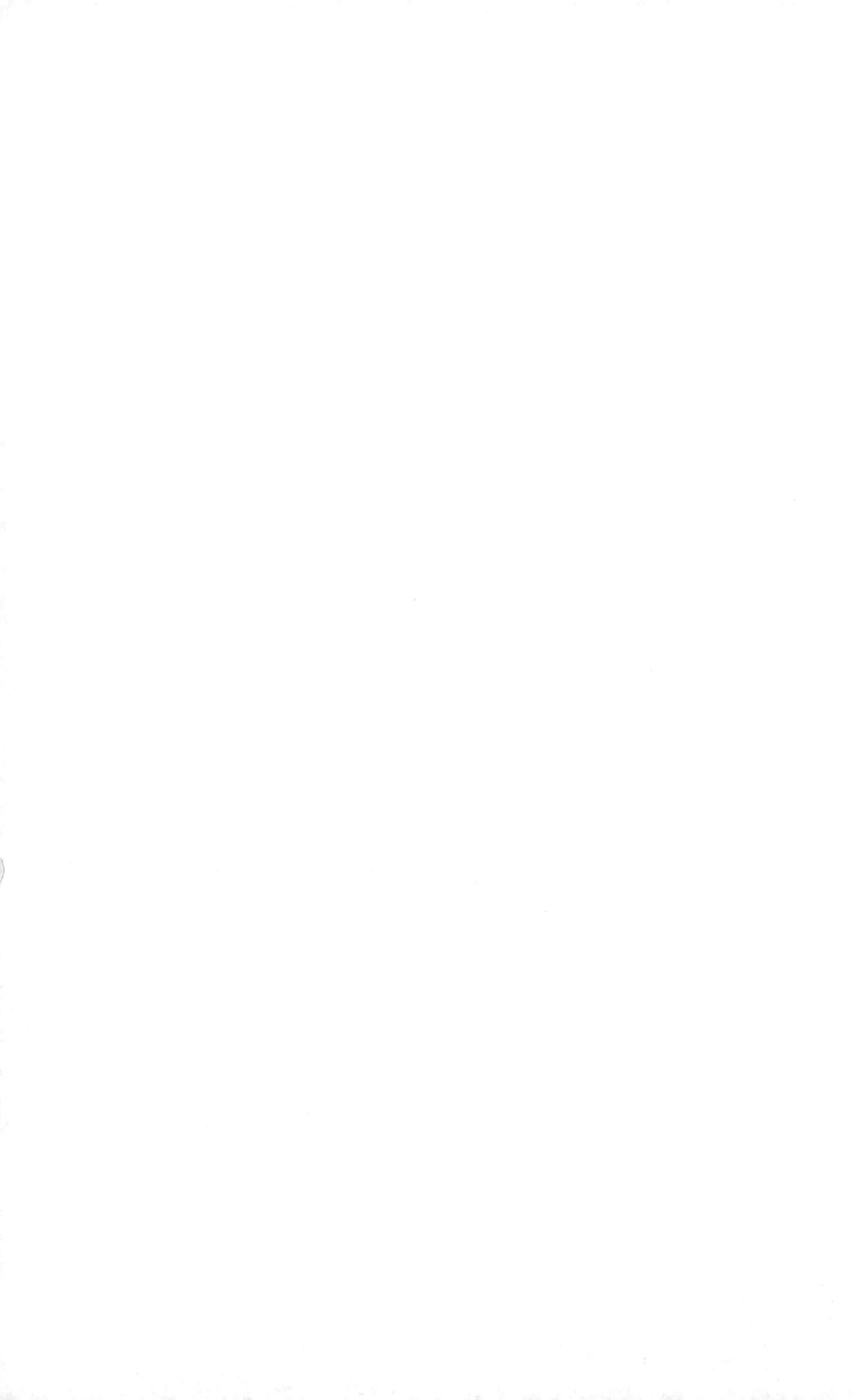